Ein Frühlingstag
mit Johann Wolfgang Goethe

Ein Frühlingstag mit Johann Wolfgang Goethe

Reclam

RECLAMS UNIVERSAL-BIBLIOTHEK Nr. 14484
2024 Philipp Reclam jun. Verlag GmbH,
Siemensstraße 32, 71254 Ditzingen
Umschlaggestaltung: zero-media.net
Umschlagabbildung: ClassicStock/akg-images
Abbildung S. 6: Johann Heinrich Lips:
Porträt des Johann Wolfgang von Goethe, 1791
Schmuckelemente: © shutterstock / Astro Ann, Maslova Yulia
Druck und Bindung: Druckerei C.H.Beck,
Bergerstraße 3–5, 86720 Nördlingen
Printed in Germany 2024
RECLAM, UNIVERSAL-BIBLIOTHEK und
RECLAMS UNIVERSAL-BIBLIOTHEK sind eingetragene Marken
der Philipp Reclam jun. GmbH & Co. KG, Stuttgart
ISBN 978-3-15-014484-8
www.reclam.de

FSC www.fsc.org MIX
Papier aus verantwortungsvollen Quellen
FSC® C019821

Inhalt

Johann Wolfgang Goethe

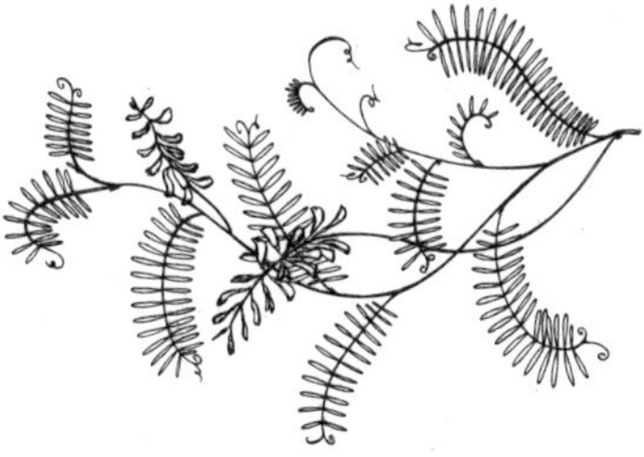

Frühlingsgefühle mit Goethe

Wer könnte den Frühling und die vielfältigen Gefühle, die er in uns erwachen lässt, schöner besingen als Johann Wolfgang Goethe (1749–1832)? Schon in der Jugend war die Frühlingszeit für Goethe verbunden mit Natur- und Kunsterfahrung. In seiner zwischen 1808 und 1831 entstandenen Autobiographie »Dichtung und Wahrheit«, in der er über seine frühen Lebensjahre schreibt, erinnert er sich an den Frühling 1763: Der Maler Justus Juncker soll für Goethes Vater, den angesehenen Frankfurter Juristen Johann Caspar Goethe, ein Gemälde anfertigen, ein Blumenstillleben im Stil der Niederländer. Dafür benötigt er Modelle, die ihm der junge Goethe beschafft: »Es war gerade im Frühling, und ich versäumte nicht, ihm wöchentlich einigemal die schönsten Blumen zu bringen, die mir unter die Hand kamen; welche er denn auch sogleich einschaltete, und das Ganze nach und nach aus diesen Elementen auf das treulichste und fleißigste zusammenbildete.«

Daneben durfte der jugendliche Goethe auch die Arbeit in einer Wachstuchmanufaktur beobachten, in der kunstreiche Tapeten voller Blumen- und Landschaftsminiaturen gefertigt wurden: »Diese Mannigfaltigkeit, die ins Unendliche ging, ergetzte mich sehr.«

Auf den väterlichen Grundstücken vor der Stadt Frankfurt – ein großer Baumgarten sowie ein Weinberg vor dem Friedberger Tor – lernte er zur gleichen Zeit Grundzüge der jahreszeitabhängigen Landwirtschaft kennen: »Es verging in der guten Jahrszeit fast kein Tag, dass nicht mein Vater sich hinausbegab, da wir ihn denn meist begleiten durften, und so von den ersten Erzeugnissen des Frühlings bis zu den letzten des Herbstes Genuss und Freude hatten.«

Goethe, das Universalgenie, verbindet in seinen Werken stets das Gefühlvolle mit dem Verstand, und mit beidem führt er heran an das immer wieder neue, kindliche Staunen über die alljährliche Wiederauferstehung der Natur. Mit Werthers Worten: »Eine wunderbare Heiterkeit hat meine ganze Seele eingenommen, gleich denen süßen Frühlingsmorgen, die ich mit ganzem Herzen genieße.«

Rosenknospen

Doch wir halten uns versteckt,
Glücklich wer uns frisch entdeckt.
Wenn der Sommer sich verkündet
Rosenknospe sich entzündet,
Wer mag solches Glück entbehren?
Das Versprechen, das Gewähren,
Das beherrscht, in Florens Reich,
Blick und Sinn und Herz zugleich.

Es erwachen die Blumen

Wer kann der Raupe, die am Zweige kriecht,
Von ihrem künftgen Futter sprechen?
Und wer der Puppe, die am Boden liegt,
Die zarte Schale helfen durchzubrechen?
Es kommt die Zeit, sie drängt sich selber los
Und eilt auf Fittichen der Rose in den Schoß.

Ilmenau, am 3. September 1783

Frühlingsgrüße an Frau von Stein

Rund 1700 Briefe schrieb Goethe an Charlotte von Stein (1742–1827). Darunter zahlreiche Gedichte, in denen er versuchte, seine Gefühle poetisch auszudrücken, um sie mit seiner engen Vertrauten zu teilen.

19. April 1779

Deine Grüße hab ich wohl erhalten.
Liebe lebt jetzt in tausend Gestalten,
Gibt der Blume Farb und Duft,
Jeden Morgen durchzieht sie die Luft,
Tag und Nacht spielt sie auf Wiesen, in Hainen,
Mir will sie oft zu herrlich erscheinen,
Neues bringt sie täglich hervor,
Leben summt uns die Biene ins Ohr.
Bleib, ruf ich oft, Frühling, man küsset dich kaum,
Engel, so fliehst du wie ein schwankender Traum.
Immer wollen wir dich ehren und schätzen,
So uns an dir wie am Himmel ergötzen.

Der Frühling war gekommen …

Das chemische Bild der Wahlverwandtschaften (eine stärkere Säure verdrängt eine schwächere Säure aus ihren Salzen, und es ergeben sich neue Verbindungen) beschreibt das Geschehen um Baron Eduard und seine Frau Charlotte in Goethes gleichnamigen Roman aus dem Jahr 1809. Ihre Ehe zerbricht durch das Hinzukommen von Eduards Freund Otto und Charlottes Nichte Ottilie. Der Garten auf Eduards Landgut ist ein zentrales Element der Handlung und dient als Metapher für die Leidenschaften der Charaktere.

Der Frühling war gekommen, später, aber auch rascher und freudiger als gewöhnlich. Ottilie fand nun im Garten die Frucht ihres Vorsehens: alles keimte, grünte und blühte zur rechten Zeit; manches, was hinter wohlangelegten Glashäusern und Beeten vorbereitet worden, trat nun sogleich der endlich von außen wirkenden Natur entgegen, und alles, was zu tun und zu besorgen war, blieb nicht bloß hoffnungsvolle Mühe wie bisher, sondern ward zum heitern Genusse.

An dem Gärtner aber hatte sie zu trösten über manche durch Lucianens Wildheit entstandene Lücke unter den Topfgewächsen, über die zerstörte Symmetrie mancher Baumkrone. Sie machte ihm Mut, dass sich das alles bald wiederherstellen werde; aber er hatte zu ein tiefes Gefühl, zu einen reinen Begriff von seinem Handwerk, als dass diese Trostgründe viel bei ihm hätten fruchten sollen. Sowenig der Gärtner sich durch andere Liebhabereien und Neigungen zerstreuen darf, sowenig darf der ruhige Gang unterbrochen werden, den die Pflanze zur dauernden oder zur vorübergehenden Vollendung nimmt. Die Pflanze gleicht den eigensinnigen Menschen, von denen man alles erhalten kann, wenn man sie nach ihrer Art behandelt. Ein ruhiger Blick, eine stille Konsequenz, in jeder Jahrszeit, in jeder Stunde das ganz Gehörige zu tun, wird vielleicht von niemand mehr als vom Gärtner verlangt.

Diese Eigenschaften besaß der gute Mann in einem hohen Grade, deswegen auch Ottilie so gern mit ihm wirkte; aber sein eigentliches Talent konnte er schon einige Zeit nicht mehr mit Behaglichkeit ausüben. Denn ob er gleich alles, was die Baum- und Küchengärtnerei betraf, auch die Erfordernisse eines ältern Ziergartens, vollkommen zu leisten verstand – wie denn überhaupt einem vor dem andern dieses oder jenes gelingt – ob er schon in Behandlung der Orangerie, der Blumenzwiebeln, der Nelken- und Aurikelnstöcke, die Natur selbst hätte herausfordern können: so waren ihm doch die neuen Zierbäume und Modeblumen einigermaßen fremd geblieben, und er hatte vor dem unendlichen Felde der Botanik, das sich nach der Zeit auftat, und den darin herumsummenden fremden Namen, eine Art von Scheu, die ihn verdrießlich machte. Was die Herrschaft voriges Jahr zu verschreiben angefangen, hielt er umso mehr für unnützen Aufwand und Verschwendung, als er gar manche kostbare Pflanze ausgehen sah, und mit den Handelsgärtnern, die ihn, wie er glaubte, nicht redlich genug bedienten, in keinem sonderlichen Verhältnisse stand.

Er hatte sich darüber, nach mancherlei Versuchen, eine Art von Plan gemacht, in welchem ihn Ottilie umso mehr bestärkte, als er auf die Wiederkehr Eduards eigentlich gegründet war, dessen Abwesenheit man in diesem wie in manchem andern Falle täglich nachteiliger empfinden musste.

Indem nun die Pflanzen immer mehr Wurzel schlugen und Zweige trieben, fühlte sich auch Ottilie immer mehr an diese Räume gefesselt. Gerade vor einem Jahre trat sie als Fremdling, als ein unbedeutendes Wesen hier ein; wie viel hatte sie sich seit jener Zeit nicht erworben! Aber leider wie viel hatte sie nicht auch seit jener Zeit wieder verloren! Sie war nie so reich und nie so arm gewesen. Das Gefühl von beidem wechselte augenblicklich miteinander ab, ja durchkreuzte sich aufs innigste, so dass sie sich nicht anders zu helfen wusste, als dass sie immer wieder das Nächste mit Anteil, ja mit Leidenschaft ergriff.

Dass alles, was Eduarden besonders lieb war, auch ihre Sorgfalt am stärksten an sich zog, lässt sich denken; ja warum sollte sie nicht hoffen, dass er selbst nun bald wiederkommen, dass er die fürsorgliche Dienstlichkeit, die sie dem Abwesenden geleistet, dankbar gegenwärtig bemerken werde.

Aber noch auf eine viel andre Weise war sie veranlasst für ihn zu wirken. Sie hatte vorzüglich die Sorge für das Kind übernommen, dessen unmittelbare Pflegerin sie umso mehr werden konnte, als man es keiner Amme zu übergeben, sondern mit Milch und Wasser aufzuziehen sich entschieden hatte. Es sollte in jener schönen Zeit der freien Luft genießen; und so trug sie es am liebsten selbst heraus, trug das schlafende, unbewusste zwischen Blumen und Blüten her, die dereinst seiner Kindheit so freundlich entgegenlachen sollten, zwischen jungen Sträuchen und Pflanzen, die mit ihm in die Höhe zu wachsen durch ihre Jugend bestimmt schienen. Wenn sie um sich her sah, so verbarg sie sich nicht, zu welchem großen reichen Zustande das Kind geboren sei: denn fast alles, wohin das Auge blickte, sollte dereinst ihm gehören. Wie wünschenswert war es zu diesem allem, dass es vor den Augen des Vaters, der Mutter, aufwüchse und eine erneute frohe Verbindung bestätigte.

Ottilie fühlte dies alles so rein, dass sie sich's als entschieden wirklich dachte und sich selbst dabei gar nicht empfand. Unter diesem klaren Himmel, bei diesem hellen Sonnenschein, ward es ihr auf einmal klar, dass ihre Liebe, um sich zu vollenden, völlig uneigennützig werden müsse; ja in manchen Augenblicken glaubte sie diese Höhe schon erreicht zu haben. Sie wünschte nur das Wohl ihres Freundes, sie glaubte sich fähig, ihm zu entsagen, sogar ihn niemals wiederzusehen, wenn sie ihn nur glücklich wisse. Aber ganz entschieden war sie für sich, niemals einem andern anzugehören.

Dass der Herbst ebenso herrlich würde wie der Frühling, dafür war gesorgt. Alle sogenannten Sommergewächse, alles was im Herbst mit Blühen nicht enden kann und sich der Kälte noch keck entgegenentwickelt, Astern besonders, waren in der größten Mannigfaltigkeit gesäet und sollten nun überall hin verpflanzt einen Sternhimmel über die Erde bilden.

Die Metamorphose der Pflanzen

Dich verwirret, Geliebte, die tausendfältige Mischung
Dieses Blumengewühls über dem Garten umher;
Viele Namen hörest du an, und immer verdränget
Mit barbarischem Klang einer den andern im Ohr.
Alle Gestalten sind ähnlich, und keine gleichet der andern;
Und so deutet das Chor auf ein geheimes Gesetz,
Auf ein heiliges Rätsel. Oh, könnt ich dir, liebliche Freundin,
Überliefern sogleich glücklich das lösende Wort! –
Werdend betrachte sie nun, wie nach und nach sich die Pflanze,
Stufenweise geführt, bildet zu Blüten und Frucht.
Aus dem Samen entwickelt sie sich, sobald ihn der Erde
Stille befruchtender Schoß hold in das Leben entlässt
Und dem Reize des Lichts, des heiligen, ewig bewegten,
Gleich den zärtesten Bau keimender Blätter empfiehlt.
Einfach schlief in dem Samen die Kraft; ein beginnendes Vorbild
Lag, verschlossen in sich, unter die Hülle gebeugt,
Blatt und Wurzel und Keim, nur halb geformet und farblos;
Trocken erhält so der Kern ruhiges Leben bewahrt,
Quillet strebend empor, sich milder Feuchte vertrauend,
Und erhebt sich sogleich aus der umgebenden Nacht.
Aber einfach bleibt die Gestalt der ersten Erscheinung;
Und so bezeichnet sich auch unter den Pflanzen das Kind.
Gleich darauf ein folgender Trieb, sich erhebend, erneuet,
Knoten auf Knoten getürmt, immer das erste Gebild.

Zwar nicht immer das gleiche; denn mannigfaltig
erzeugt sich,
Ausgebildet, du siehsts, immer das folgende Blatt,
Ausgedehnter, gekerbter, getrennter in Spitzen und Teile,
Die verwachsen vorher ruhten im untern Organ.
Und so erreicht es zuerst die höchst bestimmte
Vollendung,
Die bei manchem Geschlecht dich zum Erstaunen bewegt.
Viel gerippt und gezackt, auf mastig strotzender Fläche,
Scheinet die Fülle des Triebs frei und unendlich zu sein.
Doch hier hält die Natur, mit mächtigen Händen,
die Bildung
An und lenket sie sanft in das Vollkommnere hin.
Mäßiger leitet sie nun den Saft, verengt die Gefäße,
Und gleich zeigt die Gestalt zärtere Wirkungen an.
Stille zieht sich der Trieb der strebenden Ränder zurücke,
Und die Rippe des Stiels bildet sich völliger aus.
Blattlos aber und schnell erhebt sich der zärtere Stengel,
Und ein Wundergebild zieht den Betrachtenden an.
Rings im Kreise stellet sich nun, gezählet und ohne
Zahl, das kleinere Blatt neben dem ähnlichen hin.
Um die Achse gedrängt entscheidet der bergende
Kelch sich,
Der zur höchsten Gestalt farbige Kronen entlässt.
Also prangt die Natur in hoher, voller Erscheinung,
Und sie zeiget, gereiht, Glieder an Glieder gestuft.
Immer staunst du aufs Neue, sobald sich am Stängel
die Blume
Über dem schlanken Gerüst wechselnder Blätter bewegt.
Aber die Herrlichkeit wird des neuen Schaffens
Verkündung.

Ja, das farbige Blatt fühlet die göttliche Hand.
Und zusammen zieht es sich schnell; die zärtesten Formen,
Zwiefach streben sie vor, sich zu vereinen bestimmt.
Traulich stehen sie nun, die holden Paare, beisammen,
Zahlreich ordnen sie sich um den geweihten Altar.
Hymen schwebet herbei, und herrliche Düfte, gewaltig,
Strömen süßen Geruch, alles belebend, umher.
Nun vereinzelt schwellen sogleich unzählige Keime,
Hold in den Mutterschoß schwellender Früchte gehüllt.
Und hier schließt die Natur den Ring der ewigen Kräfte;
Doch ein neuer sogleich fasset den vorigen an,
Dass die Kette sich fort durch alle Zeiten verlänge,
Und das Ganze belebt, so wie das Einzelne, sei.
Wende nun, o Geliebte, den Blick zum bunten Gewimmel,
Das verwirrend nicht mehr sich vor dem Geiste bewegt.
Jede Pflanze verkündet dir nun die ewgen Gesetze,
Jede Blume, sie spricht lauter und lauter mit dir.
Aber entzifferst du hier der Göttin heilige Lettern,
Überall siehst du sie dann, auch in verändertem Zug –
Kriechend zaudre die Raupe, der Schmetterling eile geschäftig,
Bildsam ändre der Mensch selbst die bestimmte Gestalt.
Oh, gedenke denn auch, wie aus dem Keim der Bekanntschaft
Nach und nach in uns holde Gewohnheit entspross,
Freundschaft sich mit Macht in unserm Innern enthüllte,
Und wie Amor zuletzt Blüten und Früchte gezeugt.
Denke, wie mannigfach bald die, bald jene Gestalten,
Still entfaltend, Natur unsern Gefühlen geliehn!
Freue dich auch des heutigen Tags! Die heilige Liebe

Strebt zu der höchsten Frucht gleicher Gesinnungen auf,
Gleicher Ansicht der Dinge, damit in harmonischem
Anschaun
Sich verbinde das Paar, finde die höhere Welt.

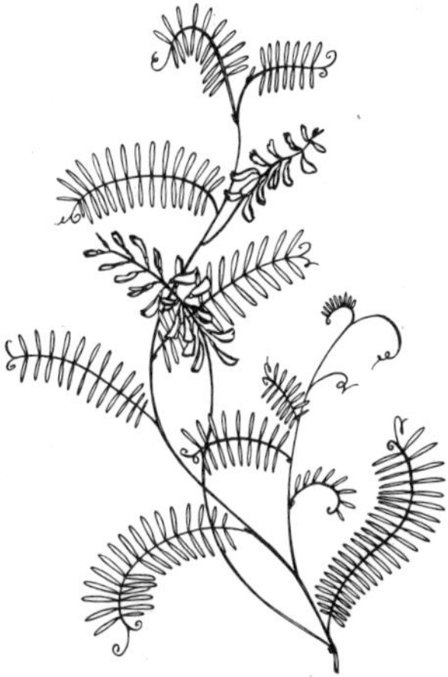

Das Veilchen

Ein Veilchen auf der Wiese stand
Gebückt in sich und unbekannt;
Es war ein herzigs Veilchen.
Da kam eine junge Schäferin,
Mit leichtem Schritt und munterm Sinn,
Daher, daher,
Die Wiese her und sang.

Ach! denkt das Veilchen, wär ich nur
Die schönste Blume der Natur,
Ach, nur ein kleines Weilchen,
Bis mich das Liebchen abgepflückt
Und an dem Busen matt gedrückt!
Ach nur, ach nur
Ein Viertelstündchen lang!

Ach! aber ach! das Mädchen kam
Und nicht in acht das Veilchen nahm,
Ertrat das arme Veilchen.
Es sank und starb und freut' sich noch:
Und sterb ich denn, so sterb ich doch
Durch sie, durch sie,
Zu ihren Füßen doch.

Vor dem Tor

Es gibt nur wenige deutsche Texte, die so poetisch den Frühlingsbeginn besingen wie der Osterspaziergang ins Goethes »Faust« (1808). In dieser Szene beobachtet Faust in Begleitung seines Schülers Wagner das fröhliche Treiben der Menschen an einem Ostermorgen, von deren ungezwungener Lebensfreude und Naturnähe er sich angezogen fühlt. Dabei spricht er jenen Satz, der zu einem der berühmtesten Sätze in der deutschen Literatur wurde: »Hier bin ich Mensch, hier darf ich's sein.«

FAUST *und* WAGNER.

FAUST. Vom Eise befreit sind Strom und Bäche
Durch des Frühlings holden, belebenden Blick;
Im Tale grünet Hoffnungsglück;
Der alte Winter, in seiner Schwäche,
Zog sich in raue Berge zurück.
Von dorther sendet er, fliehend, nur
Ohnmächtige Schauer körnigen Eises
In Streifen über die grünende Flur;
Aber die Sonne duldet kein Weißes:
Überall regt sich Bildung und Streben,
Alles will sie mit Farben beleben;
Doch an Blumen fehlt's im Revier,
Sie nimmt geputzte Menschen dafür.
Kehre dich um, von diesen Höhen
Nach der Stadt zurückzusehen.
Aus dem hohlen finstern Tor
Dringt ein buntes Gewimmel hervor.

Jeder sonnt sich heute so gern.
Sie feiern die Auferstehung des Herrn,
Denn sie sind selber auferstanden,
Aus niedriger Häuser dumpfen Gemächern,
Aus Handwerks- und Gewerbesbanden,
Aus dem Druck von Giebeln und Dächern,
Aus der Straßen quetschender Enge,
Aus der Kirchen ehrwürdiger Nacht
Sind sie alle ans Licht gebracht.
Sieh nur, sieh! wie behänd sich die Menge
Durch die Gärten und Felder zerschlägt,
Wie der Fluss, in Breit' und Länge,
So manchen lustigen Nachen bewegt,
Und bis zum Sinken überladen
Entfernt sich dieser letzte Kahn.
Selbst von des Berges fernen Pfaden
Blinken uns farbige Kleider an.
Ich höre schon des Dorfs Getümmel,
Hier ist des Volkes wahrer Himmel,
Zufrieden jauchzet groß und klein;
Hier bin ich Mensch, hier darf ich's sein.

WAGNER. *Mit Euch, Herr Doktor, zu spazieren,*
Ist ehrenvoll und ist Gewinn;
Doch würd' ich nicht allein mich her verlieren,
Weil ich ein Feind von allem Rohen bin.
Das Fiedeln, Schreien, Kegelschieben
Ist mir ein gar verhasster Klang;
Sie toben wie vom bösen Geist getrieben
Und nennen's Freude, nennen's Gesang.

BAUERN *unter der Linde.*
Tanz und Gesang.

Der Schäfer putzte sich zum Tanz,
Mit bunter Jacke, Band und Kranz,
Schmuck war er angezogen.
Schon um die Linde war es voll;
Und alles tanzte schon wie toll.
Juchhe! Juchhe!
Juchheisa! Heisa! He!
So ging der Fiedelbogen.
Er drückte hastig sich heran,
Da stieß er an ein Mädchen an
Mit seinem Ellenbogen;
Die frische Dirne kehrt' sich um
Und sagte: Nun, das find' ich dumm!
Juchhe! Juchhe!
Juchheisa! Heisa! He!
Seid nicht so ungezogen.
Doch hurtig in dem Kreise ging's,
Sie tanzten rechts, sie tanzten links,
Und alle Röcke flogen.
Sie wurden rot, sie wurden warm
Und ruhten atmend Arm in Arm,
Juchhe! Juchhe!
Juchheisa! Heisa! He!
Und Hüft' an Ellenbogen.
Und tu mir doch nicht so vertraut!
Wie mancher hat nicht seine Braut
Belogen und betrogen!

Er schmeichelte sie doch beiseit,
Und von der Linde scholl es weit:
Juchhe! Juchhe!
Juchheisa! Heisa! He!
Geschrei und Fiedelbogen.

ALTER BAUER. *Herr Doktor, das ist schön von Euch,*
Dass Ihr uns heute nicht verschmäht
Und unter dieses Volksgedräng',
Als ein so Hochgelahrter, geht.
So nehmet auch den schönsten Krug,
Den wir mit frischem Trunk gefüllt,
Ich bring' ihn zu und wünsche laut,
Dass er nicht nur den Durst Euch stillt:
Die Zahl der Tropfen, die er hegt,
Sei Euren Tagen zugelegt.
FAUST. Ich nehme den Erquickungstrank,
Erwidr' euch allen Heil und Dank.
Das Volk sammelt sich im Kreis umher.
ALTER BAUER. *Fürwahr, es ist sehr wohl getan,*
Dass Ihr am frohen Tag erscheint;
Habt Ihr es vormals doch mit uns
An bösen Tagen gut gemeint!
Gar mancher steht lebendig hier,
Den Euer Vater noch zuletzt
Der heißen Fieberwut entriss,
Als er der Seuche Ziel gesetzt.
Auch damals Ihr, ein junger Mann,
Ihr gingt in jedes Krankenhaus;
Gar manche Leiche trug man fort,
Ihr aber kamt gesund heraus;

Bestandet manche harte Proben;
Dem Helfer half der Helfer droben.
ALLE. Gesundheit dem bewährten Mann,
Dass er noch lange helfen kann!
FAUST. Vor jenem droben steht gebückt,
Der helfen lehrt und Hilfe schickt.

Ein Wiedersehen

In Goethes Bildungsroman »Wilhelm Meisters Lehrjahre« (1795/96) verlässt der Kaufmannssohn Wilhelm Meister das Elternhaus, um seine Bestimmung zu suchen. Auf seiner Reise erhält er von einer im Sterben liegenden Schauspielerin den Auftrag, ihren untreuen Geliebten aufzusuchen. Wilhelm macht sich auf den Weg zu Lothario.

Der Frühling war in seiner völligen Herrlichkeit erschienen; ein frühzeitiges Gewitter, das den ganzen Tag gedrohet hatte, ging stürmisch an den Bergen nieder, der Regen zog nach dem Lande, die Sonne trat wieder in ihrem Glanze hervor, und auf dem grauen Grunde erschien der herrliche Bogen. Wilhelm ritt ihm entgegen und sah ihn mit Wehmut an. »Ach!« sagte er zu sich selbst, »erscheinen uns denn eben die schönsten Farben des Lebens nur auf dunklem Grunde? Und müssen Tropfen fallen, wenn wir entzückt werden sollen? Ein heiterer Tag ist wie ein grauer, wenn wir ihn ungerührt ansehen, und was kann uns rühren als die stille Hoffnung, dass die angeborne Neigung unsers Herzens nicht ohne Gegenstand bleiben werde? Uns rührt die Erzählung jeder guten Tat, uns rührt das Anschauen jedes harmonischen Gegenstandes; wir fühlen dabei, dass wir nicht ganz in der Fremde sind, wir wähnen einer Heimat näher zu sein, nach der unser Bestes, Innerstes ungeduldig hinstrebt.«

Inzwischen hatte ihn ein Fußgänger eingeholt, der sich zu ihm gesellte, mit starkem Schritte neben dem Pferde blieb und, nach einigen gleichgültigen Reden, zu dem Reiter sagte: »Wenn ich mich nicht irre, so muss ich Sie irgendwo schon gesehen haben.«

»Ich erinnere mich Ihrer auch«, versetzte Wilhelm; »haben wir nicht zusammen eine lustige Wasserfahrt gemacht?« – »Ganz recht!«, erwiderte der andere.

Wilhelm betrachtete ihn genauer und sagte nach einigem Stillschweigen: »Ich weiß nicht, was für eine Veränderung mit Ihnen vorgegangen sein mag; damals hielt ich Sie für einen lutherischen Landgeistlichen, und jetzt sehen Sie mir eher einem katholischen ähnlich.«

»Heute betrügen Sie sich wenigstens nicht«, sagte der andere, indem er den Hut abnahm und die Tonsur sehen ließ. »Wo ist denn Ihre Gesellschaft hingekommen? Sind Sie noch lange bei ihr geblieben?«

»Länger als billig: denn leider, wenn ich an jene Zeit zurückdenke, die ich mit ihr zugebracht habe, so glaube ich in ein unendliches Leere zu sehen; es ist mir nichts davon übriggeblieben.«

»Darin irren Sie sich; alles, was uns begegnet, lässt Spuren zurück, alles trägt unmerklich zu unserer Bildung bei; doch es ist gefährlich, sich davon Rechenschaft geben zu wollen. Wir werden dabei entweder stolz und lässig oder niedergeschlagen und kleinmütig, und eins ist für die Folge so hinderlich als das andere. Das Sicherste bleibt immer, nur das Nächste zu tun, was vor uns liegt, und das ist jetzt«, fuhr er mit einem Lächeln fort, »dass wir eilen, ins Quartier zu kommen.«

Wilhelm fragte, wie weit noch der Weg nach Lotharios Gut sei, der andere versetzte, dass es hinter dem Berge liege. »Vielleicht treffe ich Sie dort an«, fuhr er fort, »ich habe nur in der Nachbarschaft noch etwas zu besorgen. Leben Sie so lange wohl!« Und mit diesen Worten ging er einen steilen Pfad, der schneller über den Berg hinüberzuführen schien.

Die Botaniker haben eine Pflanzenabteilung, die sie *Incompletae* nennen; man kann eben auch sagen, dass es inkomplette unvollständige Menschen gibt. Es sind diejenigen, deren Sehnsucht und Streben mit ihrem Tun und Leisten nicht proportioniert ist.

Maximen und Reflexionen

Früh, wenn Tal, Gebirg und Garten
Nebelschleiern sich enthüllen,
Und dem sehnlichsten Erwarten
Blumenkelche bunt sich füllen;

Wenn der Äther, Wolken tragend,
Mit dem klaren Tage streitet,
Und ein Ostwind, sie verjagend,
Blaue Sonnenbahn bereitet;

Dankst du dann, am Blick dich weidend,
Reiner Brust der Großen, Holden,
Wird die Sonne, rötlich scheidend,
Rings den Horizont vergolden.

Der Schmutz ist glänzend,
wenn die Sonne scheinen mag.

Maximen und Reflexionen

Gefühlvolles

ΕΡΩΣ, Liebe
Die bleibt nicht aus! – Er stürzt vom Himmel nieder,
Wohin er sich aus alter Öde schwang,
Er schwebt heran auf luftigem Gefieder
Um Stirn und Brust den Frühlingstag entlang,
Scheint jetzt zu fliehn, vom Fliehen kehrt er wieder,
Da wird ein Wohl im Weh, so süß und bang.
Gar manches Herz verschwebt im Allgemeinen,
Doch widmet sich das edelste dem Einen.

Urworte. Orphisch

Lied, das ein selbst gemaltes Band begleitete

Kleine Blumen, kleine Blätter
Streuen mir mit leichter Hand
Gute junge Frühlingsgötter
Tändelnd auf ein luftig Band.

Zephyr, nimms auf deine Flügel,
Schlings um meiner Liebsten Kleid;
Und so tritt sie vor den Spiegel
All in ihrer Munterkeit.

Sieht mit Rosen sich umgeben,
Selbst wie eine Rose jung.
Einen Blick, geliebtes Leben!
Und ich bin belohnt genung.

Fühle, was dies Herz empfindet,
Reiche frei mir deine Hand,
Und das Band, das uns verbindet,
Sei kein schwaches Rosenband!

Sag ichs euch, geliebte Bäume,
Die ich ahndevoll gepflanzt,
Als die wunderbarsten Träume
Morgenrötlich mich umtanzt.
Ach, ihr wisst es, wie ich liebe,
Die so schön mich wieder liebt,
Die den reinsten meiner Triebe
Mir noch reiner wiedergibt.

Wachset wie aus meinem Herzen,
Treibet in die Luft hinein!
Denn ich grub viel Freud- und Schmerzen
Unter eure Wurzeln ein.
Bringet Schatten, traget Früchte,
Neue Freude jeden Tag.
Nur dass ich sie dichte, dichte,
Dicht bei ihr genießen mag!

Ganymed

Wie im Morgenrot
Du rings mich anglühst
Frühling, Geliebter!
Mit tausendfacher Liebeswonne
Sich an mein Herz drängt
Deiner ewigen Wärme
Heilig Gefühl
Unendliche Schöne!

Dass ich dich fassen möcht
In diesen Arm!

Ach an deinem Busen
Lieg ich, schmachte,
Und deine Blumen, dein Gras
Drängen sich an mein Herz.
Du kühlst den brennenden
Durst meines Busens
Lieblicher Morgenwind!
Ruft drein die Nachtigall
Liebend nach mir aus dem Nebeltal.

Ich komme! Ich komme!
Wohin? Ach wohin?

Hinauf! hinauf strebt's!
Es schweben die Wolken
Abwärts, die Wolken,
Neigen sich der sehnenden Liebe.

Mir! Mir!
In eurem Schoße
Aufwärts!
Umfangend umfangen!
Aufwärts an deinen Busen
Alliebender Vater!

Frühzeitiger Frühling

Tage der Wonne,
Kommt ihr so bald?
Schenkt mir die Sonne,
Hügel und Wald?

Reichlicher fließen
Bächlein zumal.
Sind es die Wiesen?
Ist es das Tal?

Blauliche Frische!
Himmel und Höh!
Goldene Fische
Wimmeln im See.

Buntes Gefieder
Rauschet im Hain;
Himmlische Lieder
Schallen darein.

Unter des Grünen
Blühender Kraft
Naschen die Bienen
Summend am Saft.

Leise Bewegung
Bebt in der Luft,
Reizende Regung,
Schläfernder Duft.

Mächtiger rühret
Bald sich ein Hauch,
Doch er verlieret
Gleich sich im Strauch.

Aber zum Busen
Kehrt er zurück.
Helfet, ihr Musen,
Tragen das Glück!

Saget, seit gestern
Wie mir geschah?
Liebliche Schwestern,
Liebchen ist da!

Gegenwart

Alles kündet dich an!
Erscheinet die herrliche Sonne,
Folgst du, so hoff ich es, bald.

Trittst du im Garten hervor,
So bist du die Rose der Rosen,
Lilie der Lilien zugleich.

Wenn du im Tanze dich regst,
So regen sich alle Gestirne
Mit dir und um dich umher.

Nacht! und so wär es denn Nacht!
Nun überscheinst du des Mondes
Lieblichen, ladenden Glanz.

Ladend und lieblich bist du,
Und Blumen, Mond und Gestirne
Huldigen, Sonne, nur dir.

Sonne! so sei du auch mir
Die Schöpferin herrlicher Tage;
Leben und Ewigkeit ists.

An seine Spröde

Siehst du die Pomeranze?
Noch hängt sie an dem Baume;
Schon ist der März verflossen,
Und neue Blüten kommen.
Ich trete zu dem Baume
Und sage: Pomeranze,
Du reife Pomeranze,
Du süße Pomeranze,
Ich schüttle, fühl, ich schüttle,
O fall in meinen Schoß!

Mailied

Zwischen Weizen und Korn,
Zwischen Hecken und Dorn,
Zwischen Bäumen und Gras,
Wo gehts Liebchen?
Sag mir das!

Fand mein Holdchen
Nicht daheim;
Muss das Goldchen
Draußen sein.
Grünt und blühet
Schön der Mai;
Liebchen ziehet
Froh und frei.

An dem Felsen beim Fluss,
Wo sie reichte den Kuss,
Jenen ersten im Gras,
Seh ich etwas!
Ist sie das?

Regung des Herzens

Nachdem Wilhelm Meister die Schauspieltruppe verlassen hat, lernt er Baron Lothario kennen, einen tatkräftigen und rationalen Edelmann. Doch auch in diesem schlummern Gefühle und eine noch längst nicht vergessene Liebe …

»Wenn ich mich recht erinnere«, versetzte Jarno, »so war es ein kleiner Liebeshandel, der sich mit der Tochter eines Pachters entsponnen hatte.«

»Man dürfte es wohl einen großen nennen«, versetzte Lothario, »denn wir hatten uns beide sehr lieb, recht im Ernste, und auch ziemlich lange. Zufälligerweise traf heute alles zusammen, mir die ersten Zeiten unserer Liebe recht lebhaft darzustellen. Die Knaben schüttelten eben wieder Maikäfer von den Bäumen, und das Laub der Eschen war eben nicht weiter als an dem Tage, da ich sie zum ersten Mal sah. Nun war es lange, dass ich Margareten nicht gesehen habe, denn sie ist weit weg verheiratet, nur hörte ich zufällig, sie sei mit ihren Kindern vor wenigen Wochen gekommen, ihren Vater zu besuchen.«

»So war ja wohl dieser Spazierritt nicht so ganz zufällig?«

»Ich leugne nicht«, sagte Lothario, »dass ich sie anzutreffen wünschte. Als ich nicht weit von dem Wohnhaus war, sah ich ihren Vater vor der Türe sitzen; ein Kind von ungefähr einem Jahre stand bei ihm. Als ich mich näherte, sah eine Frauensperson schnell oben zum Fenster heraus, und als ich gegen die Türe kam, hörte ich jemand die Treppe herunterspringen. Ich dachte gewiss, sie sei es, und, ich will's nur gestehen, ich schmeichelte mir, sie habe mich erkannt und sie komme mir eilig entgegen. Aber wie beschämt war ich, als sie zur Türe heraussprang, das Kind, dem die Pferde näherkamen, anfasste und in das Haus hineintrug. Es war mir eine unangenehme Empfindung, und nur wurde meine Eitelkeit ein wenig getröstet, als ich, wie sie hinwegeilte, an ihrem Nacken und an dem freistehenden Ohr eine merkliche Röte zu sehen glaubte.

Ich hielt still und sprach mit dem Vater und schielte indessen an den Fenstern herum, ob sie sich nicht hier oder da blicken ließe; allein ich bemerkte keine Spur von ihr. Fragen wollt' ich auch nicht, und so ritt ich vorbei. Mein Verdruss wurde durch Verwunderung einigermaßen gemildert: denn ob ich gleich kaum das Gesicht gesehen hatte, so schien sie mir fast gar nicht verändert, und zehn Jahre sind doch eine Zeit! ja sie schien mir jünger, ebenso schlank, ebenso leicht auf den Füßen, der Hals womöglich noch zierlicher als vorher, ihre Wange ebenso leicht der liebenswürdigen Röte empfänglich, dabei Mutter von sechs Kindern, vielleicht noch von mehrern. Es passte diese Erscheinung so gut in die übrige Zauberwelt, die mich umgab, dass ich umso mehr mit einem verjüngten Gefühl weiterritt und an dem nächsten Walde erst umkehrte, als die Sonne im Untergehen war. Sosehr mich auch der fallende Tau an die Vorschrift des Arztes erinnerte und es wohl rätlicher gewesen wäre, gerade nach Hause zu kehren, so nahm ich doch wieder meinen Weg nach der Seite des Pachthofs zurück. Ich bemerkte, dass ein weibliches Geschöpf in dem Garten auf und nieder ging, der mit einer leichten Hecke umzogen ist. Ich ritt auf dem Fußpfade nach der Hecke zu, und ich fand mich eben nicht weit von der Person, nach der ich verlangte.

Ob mir gleich die Abendsonne in den Augen lag, sah ich doch, dass sie sich am Zaune beschäftigte, der sie nur leicht bedeckte. Ich glaubte, meine alte Geliebte zu erkennen. Da ich an sie kam, hielt ich still, nicht ohne Regung des Herzens. Einige hohe Zweige wilder Rosen, die eine leise Luft hin und her wehte, machten mir ihre Gestalt undeutlich. Ich redete sie an und fragte, wie sie lebe. Sie antwortete mir mit halber Stimme: ›Ganz wohl.‹ Indes bemerkte ich, dass ein Kind hinter dem Zaune beschäftigt war, Blumen auszureißen, und nahm die Gelegenheit, sie zu fragen: wo denn ihre übrigen Kinder seien? ›Es ist nicht mein Kind‹, sagte sie, ›das wäre früh!‹, und in diesem Augenblick schickte sich's, dass ich durch die Zweige ihr Gesicht genau sehen konnte, und ich wusste nicht, was ich zu der Erscheinung sagen sollte. Es war meine Geliebte und war es nicht. Fast jünger, fast schöner, als ich sie vor zehen Jahren gekannt hatte. ›Sind Sie denn nicht die Tochter des Pachters?‹, fragte ich halb verwirrt. – ›Nein‹, sagte sie, ›ich bin ihre Muhme.‹

›Aber Sie gleichen einander so außerordentlich‹, versetzte ich.

›Das sagt jedermann, der sie vor zehen Jahren gekannt hat.‹

Ich fuhr fort, sie Verschiedenes zu fragen; mein Irrtum war mir angenehm, ob ich ihn gleich schon entdeckt hatte. Ich konnte mich von dem lebendigen Bilde voriger Glückseligkeit, das vor mir stand, nicht losreisen. Das Kind hatte sich indessen von ihr entfernt und war Blumen zu suchen nach dem Teiche gegangen. Sie nahm Abschied und eilte dem Kinde nach.

Indessen hatte ich doch erfahren, dass meine alte Geliebte noch wirklich in dem Hause ihres Vaters sei, und indem ich ritt, beschäftigte ich mich mit Mutmaßungen, ob sie selbst oder die Muhme das Kind vor den Pferden gesichert habe. Ich wiederholte mir die ganze Geschichte mehrmals im Sinne, und ich wüsste nicht leicht, dass irgendetwas angenehmer auf mich gewirkt hätte. Aber ich fühle wohl, ich bin noch krank, und wir wollen den Doktor bitten, dass er uns von dem Überreste dieser Stimmung erlöse.«

Mai

Leichte Silberwolken schweben
Durch die erst erwärmten Lüfte,
Mild, von Schimmer sanft umgeben,
Blickt die Sonne durch die Düfte;
Leise wallt und drängt die Welle
Sich am reichen Ufer hin,
Und wie reingewaschen helle,
Schwankend hin und her und hin,
Spiegelt sich das junge Grün.

Still ist Luft und Lüftchen stille;
Was bewegt mir das Gezweige?
Schwüle Liebe dieser Fülle,
Von den Bäumen durchs Gesträuche.
Nun der Blick auf einmal helle,
Sieh! der Bübchen Flatterschar,
Das bewegt und regt so schnelle,
Wie der Morgen sie gebar,
Flügelhaft sich Paar und Paar.

Fangen an, das Dach zu flechten –
Wer bedürfte dieser Hütte?
Und wie Zimmrer, die gerechten,
Bank und Tischchen in der Mitte!
Und so bin ich noch verwundert,
Sonne sinkt, ich fühl es kaum;
Und nun führen aber hundert
Mir das Liebchen in den Raum,
Tag und Abend, welch ein Traum!

Der Frühling als Muse

Wem die Natur ihr offenbares Geheimnis
zu enthüllen anfängt,
der empfindet eine unwiderstehliche Sehnsucht
nach ihrer würdigsten Auslegerin, der Kunst.

Maximen und Reflexionen

Zueignung

Der Morgen kam; es scheuchten seine Tritte
Den leisen Schlaf, der mich gelind umfing,
Dass ich, erwacht, aus meiner stillen Hütte
Den Berg hinauf mit frischer Seele ging;
Ich freute mich bei einem jeden Schritte
Der neuen Blume, die voll Tropfen hing;
Der junge Tag erhob sich mit Entzücken,
Und alles war erquickt, mich zu erquicken.

Und wie ich stieg, zog von dem Fluss der Wiesen
Ein Nebel sich in Streifen sacht hervor.
Er wich und wechselte, mich zu umfließen,
Und wuchs geflügelt mir ums Haupt empor:
Des schönen Blicks sollt ich nicht mehr genießen,
Die Gegend deckte mir ein trüber Flor;
Bald sah ich mich von Wolken wie umgossen
Und mit mir selbst in Dämmrung eingeschlossen.

Auf einmal schien die Sonne durchzudringen,
Im Nebel ließ sich eine Klarheit sehn.
Hier sank er, leise sich hinabzuschwingen;
Hier teilt' er steigend sich um Wald und Höhn.
Wie hofft ich ihr den ersten Gruß zu bringen!
Sie hofft ich nach der Trübe doppelt schön.
Der luftge Kampf war lange nicht vollendet,
Ein Glanz umgab mich und ich stand geblendet.

Bald machte mich, die Augen aufzuschlagen,
Ein innrer Trieb des Herzens wieder kühn,
Ich konnt es nur mit schnellen Blicken wagen,
Denn alles schien zu brennen und zu glühn.
Da schwebte mit den Wolken hergetragen
Ein göttlich Weib vor meinen Augen hin,
Kein schöner Bild sah ich in meinem Leben,
Sie sah mich an und blieb verweilend schweben.

Kennst du mich nicht? sprach sie mit einem Munde,
Dem aller Lieb und Treue Ton entfloss:
Erkennst du mich, die ich in manche Wunde
Des Lebens dir den reinsten Balsam goss?
Du kennst mich wohl, an die, zu ewgem Bunde,
Dein strebend Herz sich fest und fester schloss.
Sah ich dich nicht mit heißen Herzenstränen
Als Knabe schon nach mir dich eifrig sehnen?

Ja! rief ich aus, indem ich selig nieder
Zur Erde sank, lang hab ich dich gefühlt;
Du gabst mir Ruh, wenn durch die jungen Glieder
Die Leidenschaft sich rastlos durchgewühlt;
Du hast mir wie mit himmlischem Gefieder
Am heißen Tag die Stirne sanft gekühlt;
Du schenktest mir der Erde beste Gaben,
Und jedes Glück will ich durch dich nur haben!

Dich nenn ich nicht. Zwar hör ich dich von vielen
Gar oft genannt, und jeder heißt dich *sein*,
Ein jedes Auge glaubt auf dich zu zielen,
Fast jedem Auge wird dein Strahl zur Pein.

Ach, da ich irrte, hatt ich viel Gespielen,
Da ich dich kenne, bin ich fast allein;
Ich muss mein Glück nur mit mir selbst genießen,
Dein holdes Licht verdecken und verschließen.

Sie lächelte, sie sprach: Du siehst, wie klug,
Wie nötig wars, euch wenig zu enthüllen!
Kaum bist du sicher vor dem gröbsten Trug,
Kaum bist du Herr vom ersten Kinderwillen,
So glaubst du dich schon Übermensch genug,
Versäumst, die Pflicht des Mannes zu erfüllen!
Wieviel bist du von andern unterschieden?
Erkenne dich, leb mit der Welt in Frieden!

Verzeih mir, rief ich aus, ich meint es gut;
Soll ich umsonst die Augen offen haben?
Ein froher Wille lebt in meinem Blut,
Ich kenne ganz den Wert von deinen Gaben!
Für andre wächst in mir das edle Gut,
Ich kann und will das Pfund nicht mehr vergraben!
Warum sucht ich den Weg so sehnsuchtsvoll,
Wenn ich ihn nicht den Brüdern zeigen soll?

Und wie ich sprach, sah mich das hohe Wesen
Mit einem Blick mitleidger Nachsicht an;
Ich konnte mich in ihrem Auge lesen,
Was ich verfehlt und was ich recht getan.
Sie lächelte, da war ich schon genesen,
Zu neuen Freuden stieg mein Geist heran;
Ich konnte nun mit innigem Vertrauen
Mich zu ihr nahn und ihre Nähe schauen.

Da reckte sie die Hand aus in die Streifen
Der leichten Wolken und des Dufts umher;
Wie sie ihn fasste, ließ er sich ergreifen,
Er ließ sich ziehn, es war kein Nebel mehr.
Mein Auge konnt im Tale wieder schweifen,
Gen Himmel blickt ich, er war hell und hehr.
Nur sah ich sie den reinsten Schleier halten,
Er floss um sie und schwoll in tausend Falten.

Ich kenne dich, ich kenne deine Schwächen,
Ich weiß, was Gutes in dir lebt und glimmt!
– So sagte sie, ich hör sie ewig sprechen –
Empfange hier, was ich dir lang bestimmt;
Dem Glücklichen kann es an nichts gebrechen,
Der dies Geschenk mit stiller Seele nimmt:
Aus Morgenduft gewebt und Sonnenklarheit,
Der Dichtung Schleier aus der Hand der Wahrheit.

Und wenn es dir und deinen Freunden schwüle
Am Mittag wird, so wirf ihn in die Luft!
Sogleich umsäuselt Abendwindes-Kühle,
Umhaucht euch Blumen-Würzgeruch und Duft.
Es schweigt das Wehen banger Erdgefühle,
Zum Wolkenbette wandelt sich die Gruft,
Besänftiget wird jede Lebenswelle,
Der Tag wird lieblich und die Nacht wird helle.

So kommt denn, Freunde, wenn auf euren Wegen
Des Lebens Bürde schwer und schwerer drückt,
Wenn eure Bahn ein frischerneuter Segen
Mit Blumen ziert, mit goldnen Früchten schmückt;

Wir gehn vereint dem nächsten Tag entgegen!
So leben wir, so wandeln wir beglückt.
Und dann auch soll, wenn Enkel um uns trauern,
Zu ihrer Lust noch unsre Liebe dauern.

Nun schien mir nach einem stürmischen März und April das schönste Maiwetter beschert zu sein. Ich genoss bei einer guten Gesundheit eine unbeschreibliche Gemütsruhe; ich mochte mich umsehen, wie ich wollte, so hatte ich bei meinem Verluste noch gewonnen. Jung und voll Empfindung, wie ich war, deuchte mir die Schöpfung tausendmal schöner als vorher, da ich Gesellschaften und Spiele haben musste, damit mir die Weile in dem schönen Garten nicht zu lang wurde. Da ich mich einmal meiner Frömmigkeit nicht schämte, so hatte ich Herz, meine Liebe zu Künsten und Wissenschaften nicht zu verbergen. Ich zeichnete, malte, las und fand Menschen genug, die mich unterstützten; statt der großen Welt, die ich verlassen hatte, oder vielmehr, die mich verlies, bildete sich eine kleinere um mich her, die weit reicher und unterhaltender war. Ich hatte eine Neigung zum gesellschaftlichen Leben, und ich leugne nicht, dass mir, als ich meine ältern Bekanntschaften aufgab, vor der Einsamkeit grauete. Nun fand ich mich hinlänglich, ja vielleicht zu sehr entschädigt. Meine Bekanntschaften wurden erst recht weitläufig, nicht nur mit Einheimischen, deren Gesinnungen mit den meinigen übereinstimmten, sondern auch mit Fremden.

Wilhelm Meisters Lehrjahre

Ein Gleichnis

Jüngst pflückt ich einen Wiesenstrauß,
Trug ihn gedankenvoll nach Haus;
Da hatten, von der warmen Hand,
Die Kronen sich alle zur Erde gewandt.
Ich setzte sie in frisches Glas,
Und welch ein Wunder war mir das!
Die Köpfchen hoben sich empor,
Die Blätterstängel im grünen Flor,
Und allzusammen so gesund,
Als ständen sie noch auf Muttergrund.

So war mirs, als ich wundersam
Mein Lied in fremder Sprache vernahm.

Die Frühlingsfreuden des jungen Werther

Mit seinem Briefroman »Die Leiden des jungen Werther« (1774) wurde der junge Goethe endgültig zum Star der Literaturszene. Eine ganze Generation, die individuelles Glück jenseits gesellschaftlicher Beschränkungen suchte, fand sich im Schicksal Werthers wieder – jenem unglücklichen Verliebten, dem es stets um die ganz großen Gefühle geht.

am 10. Mai.

Eine wunderbare Heiterkeit hat meine ganze Seele eingenommen, gleich denen süßen Frühlingsmorgen, die ich mit ganzem Herzen genieße. Ich bin so allein und freue mich so meines Lebens, in dieser Gegend, die für solche Seelen geschaffen ist, wie die meine. Ich bin so glücklich, mein Bester, so ganz in dem Gefühl von ruhigem Dasein versunken, dass meine Kunst darunter leidet. Ich könnte jetzo nicht zeichnen, nicht einen Strich, und bin niemalen ein größerer Maler gewesen als in diesen Augenblicken. Wenn das liebe Tal um mich dampft, und die hohe Sonne an der Oberfläche der undurchdringlichen Finsternis meines Waldes ruht, und nur einzelne Strahlen sich in das innere Heiligtum stehlen, und ich dann im hohen Grase am fallenden Bache liege, und näher an der Erde tausend mannigfaltige Gräsgen mir merkwürdig werden. Wenn ich das Wimmeln der kleinen Welt zwischen Halmen, die unzähligen, unergründlichen Gestalten, all der Würmgen, der Mückgen, näher an meinem Herzen fühle, und fühle die Gegenwart des Allmächtigen, der uns all nach seinem Bilde schuf, das Wehen des Allliebenden, der uns in ewiger Wonne schwebend trägt und erhält. Mein Freund, wenn's denn um meine Augen dämmert, und die Welt um mich her und Himmel ganz in meiner Seele ruht, wie die Gestalt einer Geliebten; dann sehn ich mich oft und denke: ach könntest du das wieder ausdrücken, könntest du dem Papier das einhauchen, was so voll, so warm in dir lebt, dass es würde der Spiegel deiner Seele, wie deine Seele ist der Spiegel des unendlichen Gottes. Mein Freund – Aber ich gehe darüber zu Grunde, ich erliege unter der Gewalt der Herrlichkeit dieser Erscheinungen.

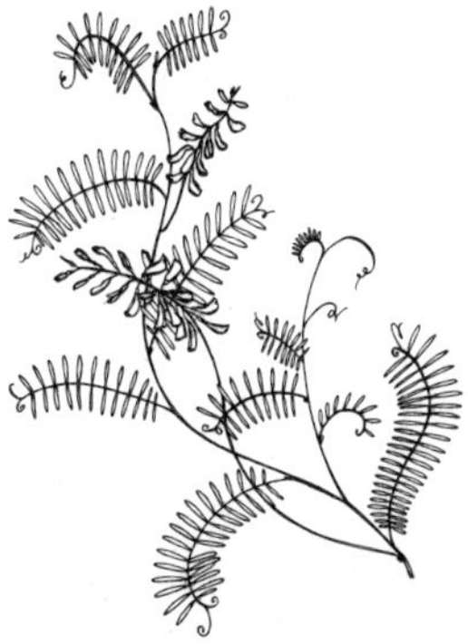

Erklärung eines alten Holzschnittes vorstellend Hans Sachsens poetische Sendung

In seiner Werkstatt Sonntags früh
Steht unser teurer Meister hie,
Sein schmutzig Schurzfell abgelegt,
Einen saubern Feierwams er trägt,
Lässt Pechdraht, Hammer und Kneipe rasten,
Die Ahl steckt an dem Arbeitskasten;
Er ruht nun auch am siebnten Tag
Von manchem Zug und manchem Schlag.

Wie er die Frühlingssonne spürt,
Die Ruh ihm neue Arbeit gebiert:
Er fühlt, dass er eine kleine Welt
In seinem Gehirne brütend hält,
Dass die fängt an zu wirken und zu leben,
Dass er sie gerne möcht von sich geben.

Er hätt ein Auge treu und klug,
Und wär auch liebevoll genug,
Zu schauen manches klar und rein,
Und wieder alles zu machen sein;
Hätt auch eine Zunge, die sich ergoss,
Und leicht und fein in Worte floss;
Des täten die Musen sich erfreun,
Wollten ihn zum Meistersänger weihn.

Da tritt herein ein junges Weib,
Mit voller Brust und rundem Leib,

Kräftig sie auf den Füßen steht,
Grad, edel vor sich hin sie geht,
Ohne mit Schlepp und Steiß zu schwänzen,
Oder mit den Augen herum zu scharlenzen.
Sie trägt einen Maßstab in ihrer Hand,
Ihr Gürtel ist ein gülden Band,
Hätt auf dem Haupt einen Kornähr-Kranz,
Ihr Auge war lichten Tages Glanz;
Man nennt sie tätig Ehrbarkeit,
Sonst auch Großmut, Rechtfertigkeit.

Die tritt mit gutem Gruß herein;
Er drob nicht mag verwundert sein,
Denn wie sie ist, so gut und schön,
Meint er, er hätt sie lang gesehn.

Die spricht: »Ich habe dich auserlesen
Vor vielen in dem Weltwirrwesen,
Dass du sollst haben klare Sinnen,
Nichts Ungeschicklichs magst beginnen.
Wenn andre durcheinander rennen,
Sollst dus mit treuem Blick erkennen;
Wenn andre bärmlich sich beklagen,
Sollst schwankweis deine Sach fürtragen;
Sollst halten über Ehr und Recht,
In allem Ding sein schlicht und schlecht,
Frummkeit und Tugend bieder preisen,
Das Böse mit seinem Namen heißen.
Nichts verlindert und nichts verwitzelt,
Nichts verzierlicht und nichts verkritzelt;
Sondern die Welt soll vor dir stehn,
Wie Albrecht Dürer sie hat gesehn,

Ihr festes Leben und Männlichkeit,
Ihre innre Kraft und Ständigkeit.
Der Natur Genius an der Hand
Soll dich führen durch alle Land,
Soll dir zeigen alles Leben,
Der Menschen wunderliches Weben,
Ihr Wirren, Suchen, Stoßen und Treiben,
Schieben, Reißen, Drängen und Reiben,
Wie kunterbunt die Wirtschaft tollert,
Der Ameishauf durcheinander kollert;
Mag dir aber bei allem geschehn,
Als tätst in einen Zauberkasten sehn.
Schreib das dem Menschenvolk auf Erden,
Obs ihm möcht eine Witzung werden.«
Da macht sie ihm ein Fenster auf,
Zeigt ihm draußen viel bunten Hauf,
Unter dem Himmel allerlei Wesen,
Wie ihrs mögt in seinen Schriften lesen.

Wie nun der liebe Meister sich
An der Natur freut wunniglich,
Da seht ihr an der andern Seiten
Ein altes Weiblein zu ihm gleiten;
Man nennet sie Historia,
Mythologia, Fabula;
Sie schleppt mit keichend-wankenden Schritten
Eine große Tafel in Holz geschnitten;
Darauf seht ihr mit weiten Ärmeln und Falten
Gott Vater Kinderlehre halten,
Adam, Eva, Paradies und Schlang,
Sodom und Gomorras Untergang,

Könnt auch die zwölf durchlauchtigen Frauen
Da in einem Ehrenspiegel schauen;
Dann allerlei Blutdurst, Frevel und Mord,
Der zwölf Tyrannen Schandenport,
Auch allerlei Lehr und gute Weis.
Könnt sehn Sankt Peter mit der Geiß,
Über der Welt Regiment unzufrieden,
Von unserm Herrn zurecht beschieden.
Auch war bemalt der weite Raum
Ihres Kleids und Schlepps und auch der Saum
Mit weltlich Tugend- und Laster-Geschicht.

Unser Meister das all ersicht
Und freut sich dessen wundersam,
Denn es dient sehr in seinen Kram.
Von wannen er sich eignet sehr
Gut Exempel und gute Lehr,
Erzählt das eben fix und treu,
Als wär er selbst gesyn dabei.
Sein Geist war ganz dahin gebannt,
Er hätt kein Auge davon verwandt,
Hätt er nicht hinter seinem Rucken
Hören mit Klappern und Schellen spuken.

Da tät er einen Narren spüren
Mit Bocks- und Affensprüng hofieren
Und ihm mit Schwank und Narreteiden
Ein lustig Zwischenspiel bereiten.
Schleppt hinter sich an einer Leinen
Alle Narren, groß und kleinen,
Dick und hager, gestreckt und krumb,
All zu witzig und all zu dumb.

Mit einem großen Farrenschwanz
Regiert er sie wie ein'n Affentanz.
Bespöttet eines jeden Fürm,
Treibt sie ins Bad, schneidt ihnen die Würm,
Und führt gar bitter viel Beschwerden,
Dass ihrer doch nicht wollen wen'ger werden.

Wie er sich sieht so um und um,
Kehrt ihm das fast den Kopf herum,
Wie er wollt Worte zu allem finden?
Wie er möcht so viel Schwall verbinden?
Wie er möcht immer mutig bleiben,
So fort zu singen und zu schreiben?
Da steigt auf einer Wolke Saum
Herein zu's Oberfensters Raum
Die Muse, heilig anzuschauen,
Wie ein Bild unsrer lieben Frauen.
Die umgibt ihn mit ihrer Klarheit
Immer kräftig wirkender Wahrheit.
Sie spricht: »Ich komm um dich zu weihn,
Nimm meinen Segen und Gedeihn!
Ein heilig Feuer, das in dir ruht,
Schlag aus in hohe lichte Glut!
Doch dass das Leben, das dich treibt,
Immer bei holden Kräften bleibt,
Hab ich deinem innern Wesen
Nahrung und Balsam auserlesen,
Dass deine Seel sei wonnereich
Einer Knospe im Taue gleich.«

Da zeigt sie ihm hinter seinem Haus
Heimlich zur Hintertür hinaus,

In dem eng umzäunten Garten,
Ein holdes Mägdlein sitzend warten
Am Bächlein, beim Holunderstrauch;
Mit abgesenktem Haupt und Aug,
Sitzt unter einem Apfelbaum
Und spürt die Welt rings um sich kaum,
Hat Rosen in ihren Schoß gepflückt
Und bindet ein Kränzlein sehr geschickt,
Mit hellen Knospen und Blättern drein:
Für wen mag wohl das Kränzel sein?
So sitzt sie in sich selbst geneigt,
In Hoffnungsfülle ihr Busen steigt,
Ihr Wesen ist so ahndevoll,
Weiß nicht, was sie sich wünschen soll,
Und unter vieler Grillen Lauf
Steigt wohl einmal ein Seufzer auf.

Warum ist deine Stirn so trüb?
Das was dich dränget, süße Lieb,
Ist volle Wonn und Seligkeit,
Die dir in einem ist bereit,
Der manches Schicksal wirrevoll
An deinem Auge sich lindern soll;
Der durch manch wonniglichen Kuss
Wiedergeboren werden muss,
Wie er den schlanken Leib umfasst,
Von aller Mühe findet Rast,
Wie er ins liebe Ärmlein sinkt,
Neue Lebenstag und Kräfte trinkt.
Und dir kehrt neues Jugendglück,
Deine Schalkheit kehret dir zurück.

Mit Necken und manchen Schelmereien
Wirst ihn bald nagen, bald erfreuen.
So wird die Liebe nimmer alt,
Und wird der Dichter nimmer kalt!

Wie er so heimlich glücklich lebt,
Da droben in den Wolken schwebt
Ein Eichkranz, ewig jung belaubt,
Den setzt die Nachwelt ihm aufs Haupt,
In Froschpfuhl all das Volk verbannt,
Das seinen Meister je verkannt.

Die schönste Reisezeit

Jeder Baum, jede Hecke ist ein Strauß von Blüten,
und man möchte zum Maienkäfer werden,
um in dem Meer von Wohlgerüchen herumschweben,
und alle seine Nahrung darinne finden zu können.

Die Leiden des jungen Werther

Zeiten der Jugend und Liebe

MADAME SOMMER. Gnädige Frau –

STELLA. Nichts davon. Was mein Herz gesteht, bekennt mein Mund gern. Ich höre, Sie sind nicht wohl; wie ist's Ihnen? Setzen Sie sich.

MADAME SOMMER. Doch, gnädige Frau! Diese Reise in den Frühlingstagen, die abwechselnden Gegenstände und diese reine, segensvolle Luft, die sich schon so oft für mich mit neuer Erquickung gefüllt hat, das wirkte alles auf mich so gut, so freundlich, dass selbst die Erinnerung abgeschiedener Freuden mir ein angenehmes Gefühl wurde, ich einen Widerschein der goldenen Zeiten der Jugend und Liebe in meiner Seele aufdämmern sah.

STELLA. Ja die Tage! die ersten Tage der Liebe! – Nein, du bist nicht zum Himmel zurückgekehrt, goldene Zeit! Du umgibst noch jedes Herz in den Momenten, da sich die Blüte der Liebe erschließt.

Unter der Linde

Frühling – das ist natürlich auch für den empfindsamen Werther eine Zeit der großen Gefühle. Vor allem, wenn er am Ort seiner Kindheit in Erinnerungen schwelgen kann.

am 9. Mai.

Ich habe die Wallfahrt nach meiner Heimat mit aller Andacht eines Pilgrims vollendet, und manche unerwartete Gefühle haben mich ergriffen. An der großen Linde, die eine Viertelstunde vor der Stadt nach S . . zusteht, ließ ich halten, stieg aus und hieß den Postillion fortfahren, um zu Fuße jede Erinnerung ganz neu, lebhaft nach meinem Herzen zu kosten. Da stand ich nun unter der Linde, die ehedessen als Knabe das Ziel und die Grenze meiner Spaziergänge gewesen. Wie anders! Damals sehnt ich mich in glücklicher Unwissenheit hinaus in die unbekannte Welt, wo ich für mein Herz alle die Nahrung, alle den Genuss hoffte, dessen Ermangeln ich so oft in meinem Busen fühlte. Jetzt kam ich zurück aus der weiten Welt – O mein Freund, mit wie viel fehlgeschlagenen Hoffnungen, mit wie viel zerstörten Plänen! – Ich sah das Gebürge vor mir liegen, das so tausendmal der Gegenstand meiner Wünsche gewesen. Stundenlang konnte ich hier sitzen, und mich hinüber sehnen, mit inniger Seele mich in denen Wäldern, denen Tälern verlieren, die sich meinen Augen so freundlich dämmernd darstellten – und wenn ich denn nun die bestimmte Zeit wieder zurück musste, mit welchem Widerwillen verließ ich nicht den lieben Platz! Ich kam der Stadt näher, alle alte bekannte Gartenhäusgen wurden von mir gegrüßt, die neuen waren mir zuwider, so auch alle Veränderungen, die man sonst vorgenommen hatte. Ich trat zum Tore hinein, und fand mich doch gleich und ganz wieder. Lieber, ich mag nicht ins Detail gehn, so reizend als es mir war, so einförmig würde es in der Erzählung werden. Ich hatte beschlossen auf dem Markte zu wohnen, gleich neben unserm alten Hause. Im Hingehen bemerkte ich, dass die Schulstube, wo ein ehrlich altes Weib unsere Kindheit zusammengepfercht hatte, in einen Kram verwandelt war. Ich erinnerte mich der Unruhe, der Tränen, der Dumpfheit des Sinnes, der Herzensangst, die ich in dem Loche ausgestanden hatte – Ich tat keinen Schritt, der nicht merkwürdig war. Ein Pilger im heiligen Lande trifft nicht so viel Stätten religiöser Erinnerung, und seine Seele ist schwerlich so voll heiliger Bewegung. – Noch eins für tausend. Ich ging den Fluss hinab, bis an einen gewissen Hof, das war sonst auch mein Weg, und die Plätzgen, da wir Knaben uns übten, die meisten Sprünge der flachen Steine im Wasser hervorzubringen. Ich erinnere mich so lebhaft, wenn ich manchmal stand, und dem Wasser nachsah, mit wie wunderbaren Ahndungen ich das verfolgte, wie abenteuerlich ich mir die Gegenden vorstellte, wo es nun hinflösse, und wie ich da so bald Grenzen meiner Vorstellungskraft fand, und doch musste das weiter gehn, immer weiter, bis ich mich ganz in dem Anschauen einer unsichtbaren Ferne verlor. Siehe mein Lieber, das ist doch eben das Gefühl der herrlichen Altväter! Wenn Ulyss von dem ungemessenen Meere, und von der unendlichen Erde spricht, ist das nicht wahrer, menschlicher, inniger, als wenn jetzo jeder Schulknabe sich wunder weise dünkt, wenn er nachsagen kann, dass sie rund sei.

Nun bin ich hier auf dem fürstlichen Jagdschlosse. Es

lässt sich noch ganz wohl mit dem Herrn leben, er ist ganz wahr, und einfach. Was mir noch manchmal leid tut, ist, dass er oft über Sachen redt, die er nur gehört und gelesen hat, und zwar aus eben dem Gesichtspunkte, wie sie ihm der andere darstellen mochte.

Auch schätzt er meinen Verstand und Talente mehr als dies Herz, das doch mein einziger Stolz ist, das ganz allein die Quelle von allem ist, aller Kraft, aller Seligkeit und alles Elends. Ach was ich weiß, kann jeder wissen. – Mein Herz hab ich allein.

Italienische Reise

Mit dem Geheimrat zu verreisen, ist ein ganz besonderes Vergnügen, vor allem im Frühling, wenn sich die Natur in ihrer ganzen Pracht zeigt. Goethes »Italienische Reise«, die er zwischen September 1786 und Mai 1788 unternahm, wurde zu einer der berühmtesten Reisebeschreibungen der Literaturgeschichte. Das Werk beruht auf seinen Briefen, Notizen sowie seinem »Tagebuch der Italienischen Reise für Frau von Stein«, die Goethe zwischen 1813 und 1817 überarbeitete und so erst dreißig Jahre später veröffentlichte.

Palermo, Mittwoch, den 4. April 1787.

Nachmittags besuchten wir das fruchtreiche und angenehme Tal, welches die südlichen Berge herab an Palermo vorbeizieht, durchschlängelt von dem Fluss Oreto. Auch hier wird ein malerisches Auge und eine geschickte Hand gefordert, wenn ein Bild soll gefunden werden, und doch erhaschte Kniep einen Standpunkt, da, wo das gestemmte Wasser von einem halbzerstörten Wehr herunterfliest, beschattet von einer fröhlichen Baumgruppe, dahinter das Tal hinaufwärts die freie Aussicht und einige landwirtschaftliche Gebäude.

Die schönste Frühlingswitterung und eine hervorquellende Fruchtbarkeit verbreitete das Gefühl eines belebenden Friedens über das ganze Tal, welches mir der ungeschickte Führer durch seine Gelehrsamkeit verkümmerte, umständlich erzählend, wie Hannibal hier vormals eine Schlacht geliefert und was für ungeheure Kriegstaten an dieser Stelle geschehen. Unfreundlich verwies ich ihm das fatale Hervorrufen solcher abgeschiedenen Gespenster. Es sei schlimm genug, meinte ich, dass von Zeit zu Zeit die Saaten, wo nicht immer von Elefanten, doch von Pferden und Menschen zerstampft werden müssten. Man solle wenigstens die Einbildungskraft nicht mit solchem Nachgetümmel aus ihrem friedlichen Traume aufschrecken.

Er verwunderte sich sehr, dass ich das klassische Andenken an so einer Stelle verschmähte, und ich konnte ihm freilich nicht deutlich machen, wie mir bei einer solchen Vermischung des Vergangenen und des Gegenwärtigen zumute sei.

Noch wunderlicher erschien ich diesem Begleiter, als ich auf allen seichten Stellen, deren der Fluss gar viele trocken lässt, nach Steinchen suchte und die verschiedenen Arten derselben mit mir forttrug. Ich konnte ihm abermals nicht erklären, dass man sich von einer gebirgigen Gegend nicht schneller einen Begriff machen kann, als wenn man die Gesteinsarten untersucht, die in den Bächen herabgeschoben werden, und dass hier auch die Aufgabe sei, durch Trümmer sich eine Vorstellung von jenen ewig klassischen Höhen des Erdaltertums zu verschaffen.

Auch war meine Ausbeute aus diesem Flusse reich genug, ich brachte beinahe vierzig Stücke zusammen, welche sich freilich in wenige Rubriken unterordnen ließen. Das meiste war eine Gebirgsart, die man bald für Jaspis oder Hornstein, bald für Tonschiefer ansprechen konnte. Ich fand sie teils in abgerundeten, teils unförmigen Geschieben, teils rhombisch gestaltet, von vielerlei Farben. Ferner kamen viele Abänderungen des ältern Kalkes vor, nicht weniger Breccien, deren Bindemittel Kalk, die verbundenen

Steine aber bald Jaspis, bald Kalk waren. Auch fehlte es nicht an Geschieben von Muschelkalk.

Die Pferde füttern sie mit Gerste, Häckerling und Kleien; im Frühjahr geben sie ihnen geschosste grüne Gerste, um sie zu erfrischen, per rinfrescar, wie sie es nennen. Da sie keine Wiesen haben, fehlt es an Heu. Auf den Bergen gibt es einige Weide, auch auf den Äckern, da ein Drittel als Brache liegenbleibt. Sie halten wenig Schafe, deren Rasse aus der Barbarei kommt, überhaupt auch mehr Maultiere als Pferde, weil jenen die hitzige Nahrung besser bekommt als diesen.

Die Plaine, worauf Palermo liegt, sowie außer der Stadt die Gegend Ai Colli, auch ein Teil der Bagaria, hat im Grunde Muschelkalk, woraus die Stadt gebaut ist, daher man denn auch große Steinbrüche in diesen Lagen findet. In der Nähe von Monte Pellegrino sind sie an einer Stelle über fünfzig Fuß tief. Die untern Lager sind weißer von Farbe. Man findet darin viel versteinte Korallen und Schaltiere, vorzüglich große Pilgermuscheln. Das obere Lager ist mit rotem Ton gemischt und enthält wenig oder gar keine Muscheln. Ganz obenauf liegt roter Ton, dessen Lage jedoch nicht stark ist.

Der Monte Pellegrino hebt sich aus allem diesem hervor; er ist ein älterer Kalk, hat viele Löcher und Spaltungen, welche, genau betrachtet, obgleich sehr unregelmäßig, sich doch nach der Ordnung der Bänke richten. Das Gestein ist fest und klingend.

Girgenti, Dienstag, den 24. April 1787.

So ein herrlicher Frühlingsblick wie der heutige bei aufgehender Sonne ward uns freilich nie durchs ganze Leben. Auf dem hohen, uralten Burgraume liegt das neue Girgenti, in einem Umfang, groß genug, um Einwohner zu fassen. Aus unsern Fenstern erblicken wir den weiten und breiten sanften Abhang der ehemaligen Stadt, ganz von Garten und Weinbergen bedeckt, unter deren Grün man kaum eine Spur ehemaliger großer bevölkerten Stadtquartiere vermuten durfte. Nur gegen das mittägige Ende dieser grünenden und blühenden Fläche sieht man den Tempel der Konkordia hervorragen, in Osten die wenigen Trümmer des Junotempels; die übrigen, mit den genannten in grader Linie gelegenen Trümmer anderer heiliger Gebäude bemerkt das Auge nicht von oben, sondern eilt weiter südwarts nach der Strandfläche, die sich noch eine halbe Stunde bis gegen das Meer erstreckt. Versagt ward heute, uns in jene so herrlich grünenden, blühenden, fruchtversprechenden Räume zwischen Zweige und Ranken hinabzubegeben, denn unser Führer, ein kleiner guter Weltgeistlicher, ersuchte uns, vor allen Dingen diesen Tag der Stadt zu widmen.

Erst ließ er uns die ganz wohlgebauten Straßen beschauen, dann führte er uns auf höhere Punkte, wo sich der Anblick durch größere Weite und Breite noch mehr verherrlichte, sodann zum Kunstgenuss in die Hauptkirche. Diese enthält einen wohlerhaltenen Sarkophag, zum Altar gerettet: Hippolyt mit seinen Jagdgesellen und Pferden wird von der Amme Phädras aufgehalten, die ihm ein Täfelchen zustellen will. Hier war die Hauptabsicht, schöne Jünglinge darzustellen, deswegen auch die Alte, ganz klein und zwergenhaft, als ein Nebenwerk, das nicht stören soll, dazwischen gebildet ist. Mich dünkt, von halberhabener Arbeit nichts Herrlichers gesehen zu haben, zugleich vollkommen erhalten. Es soll mir einstweilen als ein Beispiel der anmutigsten Zeit griechischer Kunst gelten.

In frühere Epochen wurden wir zurückgeführt durch Betrachtung einer köstlichen Vase von bedeutender Größe und vollkommener Erhaltung. Ferner schienen sich manche Reste der Baukunst in der neuen Kirche hie und da untergesteckt zu haben.

Da es hier keine Gasthöfe gibt, so hatte uns eine freundliche Familie Platz gemacht und einen erhöhten Alkoven an einem großen Zimmer eingeräumt. Ein grüner Vorhang trennte uns und unser Gepäck von den Hausgliedern, welche in dem großen Zimmer Nudeln fabrizierten, und zwar von der feinsten, weißesten und kleinsten Sorte, davon diejenigen am teuersten bezahlt werden, die, nachdem sie erst in die Gestalt von gliedslangen Stiften gebracht sind, noch von spitzen Mädchenfingern einmal in sich selbst gedreht, eine schneckenhafte Gestalt annehmen. Wir setzten uns zu den hübschen Kindern, ließen uns die Behandlung erklären und vernahmen, dass sie aus dem besten und schwersten Weizen, Grano forte genannt, fabriziert wurden. Dabei kommt viel mehr Handarbeit als Maschinen- und Formwesen vor. Und so hatten sie uns denn auch das trefflichste Nudelgericht bereitet, bedauerten jedoch, dass grade von der allervollkommensten Sorte, die außer Girgent, ja, außer ihrem Hause nicht gefertigt werden konnte, nicht einmal ein Gericht vorrätig sei. An Weiße und Zartheit schienen diese ihresgleichen nicht zu haben.

Auch den ganzen Abend wusste unser Führer die Ungeduld zu besänftigen, die uns hinabwarts trieb, indem er uns abermals auf die Höhe zu herrlichen Aussichtspunkten führte und uns dabei die Übersicht der Lage gab alle der Merkwürdigkeiten, die wir morgen in der Nähe sehen sollten.

Dienstag, den 1. Mai 1787.

[...] Wie die Natur das Bunte liebt, lässt sie hier sehen, wo sie sich an der schwarzblaugrauen Lava erlustigt; hochgelbes Moos überzieht sie, ein schon rotes Sedum wächst üppig darauf, andere schöne violette Blumen. Eine sorgsame Kultur beweist sich an den Kaktuspflanzungen und Weinranken. Nun drangen sich ungeheure Lavaflüsse heran. Motta ist ein schöner, bedeutender Fels. Hier stehen die Bohnen als sehr hohe Stauden. Die Äcker sind veränderlich, bald sehr kiesig, bald besser gemischt.

Der Vetturin, der diese Frühlingsvegetation der Südostseite lange nicht gesehen haben mochte, verfiel in großes Ausrufen über die Schönheit der Frucht und fragte uns mit selbstgefälligem Patriotismus, ob es in unsern Landen auch wohl solche gäbe. Ihr ist hier alles aufgeopfert, man sieht wenig, ja gar keine Bäume. Allerliebst war ein Mädchen von prächtiger, schlanker Gestalt, eine ältere Bekanntschaft unseres Vetturins, die seinem Maultiere gleichlief, schwatzte und dabei mit solcher Zierlichkeit als möglich ihren Faden spann. Nun fingen gelbe Blumen zu herrschen an. Gegen Misterbianco standen die Kaktus schon wieder in Zäunen; Zäune aber, ganz von diesen wundersam gebildeten Gewächsen, werden in der Nähe von Catania immer regelmäßiger und schöner.

Frühlingsfeste

Denn es muss von Herzen gehen,
Was auf Herzen wirken soll.

Faust. Der Tragödie zweiter Teil

Gewohnt, getan

Ich habe geliebet, nun lieb ich erst recht!
Erst war ich der Diener, nun bin ich der Knecht.
Erst war ich der Diener von allen;
Nun fesselt mich diese charmante Person,
Sie tut mir auch alles zur Liebe, zum Lohn,
Sie kann nur allein mir gefallen.

Ich habe geglaubet, nun glaub ich erst recht!
Und geht es auch wunderlich, geht es auch schlecht,
Ich bleibe beim gläubigen Orden:
So düster es oft und so dunkel es war
In drängenden Nöten, in naher Gefahr,
Auf einmal ists lichter geworden.

Ich habe gespeiset, nun speis ich erst gut!
Bei heiterem Sinne, mit fröhlichem Blut
Ist alles an Tafel vergessen.
Die Jugend verschlingt nur, dann sauset sie fort;
Ich liebe, zu tafeln am lustigen Ort,
Ich kost und ich schmecke beim Essen.

Ich habe getrunken, nun trink ich erst gern!
Der Wein, er erhöht uns, er macht uns zum Herrn
Und löset die sklavischen Zungen.
Ja, schonet nur nicht das erquickende Nass:
Denn schwindet der älteste Wein aus dem Fass,
So altern dagegen die jungen.

Ich habe getanzt und dem Tanze gelobt,
Und wird auch kein Schleifer, kein Walzer getobt,
So drehn wir ein sittiges Tänzchen.
Und wer sich der Blumen recht viele verflicht,
Und hält auch die ein und die andere nicht,
Ihm bleibet ein munteres Kränzchen.

Drum frisch nur aufs Neue! Bedenke dich nicht:
Denn wer sich die Rosen, die blühenden, bricht,
Den kitzeln fürwahr nur die Dornen.
So heute wie gestern, es flimmert der Stern;
Nur halte von hängenden Köpfen dich fern
Und lebe dir immer von vornen.

St. Nepomuks Vorabend

Karlsbad, den 15. Mai 1820

Lichtlein schwimmen auf dem Strome,
Kinder singen auf der Brücken,
Glocke, Glöckchen fügt vom Dome
Sich der Andacht, dem Entzücken.

Lichtlein schwinden, Sterne schwinden;
Also löste sich die Seele
Unsres Heilgen, nicht verkünden
Durft er anvertraute Fehle.

Lichtlein, schwimmet! spielt, ihr Kinder!
Kinder-Chor, oh! singe, singe!
Und verkündiget nicht minder
Was den Stern zu Sternen bringe.

Es steht manches Schöne isoliert in der Welt, doch der Geist ist es, der Verknüpfungen zu entdecken und dadurch Kunstwerke hervorzubringen hat. – Die Blume gewinnt erst ihren Reiz durch das Insekt, das ihr anhangt, durch den Tautropfen, der sie befeuchtet, durch das Gefäß, woraus sie allenfalls ihre letzte Nahrung zieht. Kein Busch, kein Baum, dem man nicht durch die Nachbarschaft eines Felsens, einer Quelle Bedeutung geben, durch eine mäßige einfache Ferne größern Reiz verleihen konnte. So ist es mit menschlichen Figuren und so mit Tieren aller Art beschaffen.

Maximen und Reflexionen

Mailied

Wie herrlich leuchtet
Mir die Natur!
Wie glänzt die Sonne!
Wie lacht die Flur!

Es dringen Blüten
Aus jedem Zweig
Und tausend Stimmen
Aus dem Gesträuch

Und Freud und Wonne
Aus jeder Brust.
O Erd, o Sonne!
O Glück, o Lust!

O Lieb, o Liebe!
So golden schön,
Wie Morgenwolken
Auf jenen Höhn!

Du segnest herrlich
Das frische Feld,
Im Blütendampfe
Die volle Welt.

O Mädchen, Mädchen,
Wie lieb ich dich!
Wie blickt dein Auge!
Wie liebst du mich!

So liebt die Lerche
Gesang und Luft,
Und Morgenblumen
Den Himmelsduft,

Wie ich dich liebe
Mit warmem Blut,
Die du mir Jugend
Und Freud und Mut

Zu neuen Liedern
Und Tänzen gibst.
Sei ewig glücklich,
Wie du mich liebst!

Verzeichnis der Texte und Druckvorlagen

Die Texte der vorliegenden Ausgabe folgen – unter behutsamer Angleichung an die neue Rechtschreibung – den hier verzeichneten Editionen; in den Textnachweisen werden sie jeweils mit den angegebenen Titelsiglen abgekürzt zitiert. Die mit * versehenen Überschriften wurden vom Verlag formuliert.

DW Johann Wolfgang Goethe: Dichtung und Wahrheit. Hrsg. von Walter Hettche. Stuttgart: Reclam, 1998.

F I Johann Wolfgang Goethe: Faust. Der Tragödie erster Teil. Stuttgart: Reclam, 2020.

F II Johann Wolfgang Goethe: Faust. Der Tragödie zweiter Teil. Stuttgart: Reclam, 2001.

G Johann Wolfgang Goethe: Gedichte. Ausgewählt und eingeleitet von Stefan Zweig. Stuttgart: Reclam, 1967.

GA Johann Wolfgang Goethe: Gedenkausgabe der Werke, Briefe und Gespräche zum 28. August 1949. Hrsg. von Ernst Beutler. Bd. 1. Zürich: Artemis-Verlag, 1948.

IR Johann Wolfgang Goethe: Italienische Reise. Stuttgart: Reclam, 2020.

LW Johann Wolfgang Goethe: Die Leiden des jungen Werther. Erste Fassung 1774. Stuttgart: Reclam, 2015.

MR Johann Wolfgang Goethe: Maximen und Reflexionen. Hrsg. von Benedikt Jeßing. Stuttgart: Reclam, 2021.

ST Johann Wolfgang Goethe: Stella. Ein Trauerspiel. Stuttgart: Reclam, 2023.

W Johann Wolfgang Goethe: Die Wahlverwandtschaften. Stuttgart: Reclam, 2021.

WML Johann Wolfgang Goethe: Wilhelm Meisters Lehrjahre. Hrsg. von Ehrhard Bahr. Stuttgart: Reclam, 2021.

Frühlingsgefühle mit Goethe

7 DW 164 | 8 DW 166 | 8 DW 167 | 8 LW 7 | 9 F II 1

Es erwachen die Blumen

11 G 88 | 13 G 75 | 14* W 248–251 | 18 G 133–135 | 22 G 32 f. | 23 F I 27–30 | 28* WML 528 f. | 30 MR 79 | 31 G 223 | 32 MR 23

Gefühlvolles

33 G 194 | 35 G 21 f. | 36 G 79 | 37 G 37 | 39 G 138 f. | 41 G 162 | 42 G 77 | 43 G 161 | 44* WML 582–585 | 48 G 188 f.

Der Frühling als Muse

49 MR 30 | 51 G 93–96 | 56 WML 479 f. | 57 G 221 | 58* LW 7 f.| 60 G 55–61

Die schönste Reisezeit

67 LW 6 | 69* ST 22 | 70* LW 74–76 | 73 IR 251–253 | 76 IR 295–297 | 78 IR 312 f.

Frühlingsfeste

79 F II 147 | 81 GA 88 f. | 83 G 200 f. | 84 MR 76 | 85 G 22 f.